A tous mes Parents et Amis.

FACULTÉ DE DROIT DE TOULOUSE.

ACTE PUBLIC

POUR LA LICENCE

En exécution de l'art. 4, tit. 2, de la loi du 22 Ventôse an XII,

soutenu par

M. Barthès (Germain-Marie-Antoine),

NÉ A SAINT-PONS (HÉRAULT).

Jus Romanum.

LIB. II, TIT. XX, § 1 à 21.

De Legatis.

Legatum, res singulas acquirendi modus, est donatio quædam à defuncto relicta, et quidem ab hærede præstanda adjiciemus, quamdiù à singularum rerum fideicommisso distulit. Non enim, ut videbimus, jus unum semper in hàc materiâ fuit.

Et primùm, ante Justinianum quatuor cernimus legatorum genera, scilicet : per vindicationem, per damnationem, sinendi modo, per præceptionem ; de quibus, quamquam sileant Imperatoris institutiones, breviora tamen verba dicamus.

1846

Certis quidem verbis maxima fit differentia. Sic enim *per vindica-*
tionem legamus : *do, lego ; capito, sumito, sibi habeto.* Undè non obligatur hæres ad aliquid dandum, sed magis tribuitur legatario jus in
re relictâ ; quo jure, aditâ hæreditate, dominium rei quiritarium (ut
aiunt Proculeii, ut docet etiam constitutione pius Antoninus, in hoc
cum Sabiniis dissidentes) vel ab hærede, vel ab alio quocumque qui
hanc rem detinet, legatarius vindicare potest. Hoc modo rectè legat
testator res tantùm quas ex jure Quiritum possidet, præter eas quæ
pondere, numero, mensurâve constant, quarum extrema valet pos-
sessio. Huic principio moderamen affert senatusconsultum Neronia-
num (Gaii, inst., comm. 2, § 197.)

His verbis *per damnationem : hœres meus Stichum servum meum dare*
damnas esto. Sic, res quidem alienas testator legare potest, quas tra-
dere cogitur hæres, vel pretium, si redimere nequit. Nec jus in illis,
sed tantùm actio in personam adversus hæredem legatario incumbit.

Ita *sinendi modo : hœres meus damnas esto sinere Lucium Titium ho-*
minem Stichum sumere, sibique habere. Unius cujusque amborum quæ
suprà exposuimus participat hoc legatum : legatarius enim rem vindicare potest, hæres quoque, non traditioni, sicut in legato damna-
tionis, sed vindicationi sinendæ damnatur. Testatoris jus est rem
suam legare, rem quoque hæredis ; alienam verò, non. Undè latior
ei facultas quam per vindicationem, strictior quam per damnationem.

Per præceptionem, ut ex appellatione apparet, uni tantùm ex hære-
dibus dari potest. Sic enim : *Titius Stichum præcipito.* Hæres unus
autem *præcipere,* id est, præcipuum sumere, valet, res hæreditarias
tantùm, actione familiæ erciscundæ. Ità dicunt Sabini ; Proculeii
verò et Adrianus has prescriptiones omittunt.

Propositas distinctiones abrogat Justinianus. Legatario ad rem per-
sequendam, non solùm actionem in personam, sed etiam in rem hy-
pothecariamque tribuit ; et prætereà fideicommissis legata omninò
exæquat, quamvis inter sese naturâ maximè distent.

Priusquam exæquationem fecisset, necessaria erat hæredis insti-

tutio, « scilicet, ait Gaius, quia testamenta vim ex institutione hæredis accipiunt, et ob id velut caput et fundamentum intelligitur
totius testamenti hæredis institutio. (Inst. comm. 2, § 229.) »

Nunc autem res quæ legari possunt videamus. Testator rectè legat :
rem tantummodo cujus est commercium universum simul ac priva-
tum ; rem sibi propriam, vel hæredis,. vel quoque alienam,,dùm
sciat alienam ; rem creditori obligatam, dùm sciat obligatam ; tunc
solùm tenetur hæres, nisi defunctus legatarium eam luere voluerit ;
rem futuram ; sub conditione implicitè factum est hoc legatum, si
designata fuerit res productiva legati, velut fundus, ancilla ; res tàm
corporales, quam incorporales ; sunt autem incorporali genere.

Legatum *nominis*, quo « quod defuncto debetur, potest alicui legari,
ut actiones suas hæres legatario præstet (Just. inst., lib. 2, tit. 20,
§ 21), » eumque procuratorem *in rem suam* constituat ; nec hæres
ultrà obligatur.

Legatum *liberationis*, quo non verè liberatur debitor ; sed si quæ-
ratur, de dolo excipere valet, aut quidem ex testamento agere ad per-
sequendam liberationem.

Legatum *debiti*, utile tantùm cùm res, in diem vel sub conditione
debita, purè legatur ; tunc enim creditor, uti legatarius agit, id est,
sinè morâ.

Legatum *dotis;* uxori utiliòr est ex legato, quam de dote, actio. Hàc
enim actione, « dos si pondere, numero, mensurâ contineatur, annua
bima, trima die redditur (Ulp. frag. de dote, tit. 6, § 8) », et deindè
si una et integra, duntaxat in annum ; illâ autem, omnes circuitus,
moræ et ambages tolluntur ; retentio ob impensa in res dotales factas
sublata est

Legatum dotis simpliciter factum non valet ; secùs cùm res apparet, quamquam fallaciter demonstrata : falsa enim demonstratio non
vitiat legatum.

Duæ lucrativæ causæ in eumdem hominem et in eamdem rem non
concurrere possunt ; itaque rei alienæ legatarius prœtium obtinere ne-

quit, si jam ex donatione, vel ex aliâ pari causâ, legato nondùm soluto, eam consecutus est.

Quamdiù extiterunt varia legatorum genera, si eadem res conjunctim, sive disjunctìm duobus legaretur, unusque deficeret, tota ad alterum, vel ad hæredem pertinebat, secundùm jus dominii quod legato per vindicationem, aut jus nominis quod legato per damnationem, conferebatur.

Ex posteriori jure, colegatarii re et verbis, verbis tantùm conjuncti sunt, aut disjuncti : partem alteris auget in omni casu pars deficientis, tùm accrescendo, tùm non decrescendo.

Res sua legatario inutiliter legatur, licet jam indè ab hinc eam alienet, quia legatum initio vitiosum est, (Catoniana regula.) — Si quis rem suam, quasi alienam, legaverit, valet legatum; quoniam plus valet quod in veritate est, quam quod in opinione. Non tamen semper admittitur hæc regula. Si quis enim rem alienam, quasi propriam, legaverit, plus est in opinione quàm in veritate, neque valet legatum.

Si testator rem legatam alienaverit, irritum fit legatum, namque propriâ voluntate ademptum putatur, nisi contrà appareat; item, si rei pars est alienata. — Si verò rem pignori dederit, non ademisse legatum videtur : non cessat jus legatarii.

Res perit legatario, si sinè facto hæredis perierit; si pars una tantùm, pars extans debetur, dummodò disjunctæ sint, ut ancilla et partus, ordinarii servi et vicarii; si verò conjunctæ, accessorium cedit principali, ut servo peculium, fundo instrumentum, ædibus columnæ et marmora. Attamen, nunquàm principale accessorium sequitur; undè, debetur unus, quamvis perierit alter.

Grex legatus, sivè post testamentum factum augerit, sivè ad unam ovem pervenerit, à legatario æque vindicatur; nam pro normâ habetur, exceptâ distinctione à Juliano propositâ (Inst., lib 2, tit. 20, § 20), auctiones et diminutiones legati naturam non convertere.

Droit Civil.

LIV. III. TITRE XX. — *De la Prescription.*
(Art. 2260 à 2281.)

Dispositions Générales.

Avant d'entrer dans l'examen des principes formulés dans les art.
ci-dessus énoncés, qu'il nous soit permis de jeter un rapide coup d'œil
sur la nature et le mérite de cette institution.

Les opinions sont partagées sur la question de savoir si la prescription émane du droit civil ou du droit naturel. Si nous interrogeons l'an-
tiquité; nous trouvons Gaius qui la fait descendre du droit civil en lui
donnant un motif politique: la nécessité de procurer à la propriété la
stabilité et les garanties qui lui sont nécessaires, et d'exciter les citoyens
à soigner leurs affaires en bons pères de famille. Sur les traces du jurisconsulte romain, viennent Cujas et Grotius, et de nos jours encore
bon nombre d'auteurs non moins recommandables. D'un autre côté
nous voyons Cicéron le faire dériver du droit naturel, lorsqu'il estime
que le respect pour les longues possessions est le résultat de la pure
équité.

Nous le pensons aussi, du moins pour ce qui est de la prescription basée sur la bonne foi, et notre croyance à cet égard repose encore sur les
raisons données par de savants modernes. Mais nous serions peut-être
moins facile en ce qui touche la prescription qu'accompagne la mauvaise foi.

Dans tous les cas, et quelle que soit la manière de voir d'un chacun,
il convenait, à cause même de l'importance de la matière, que le législateur prit soin de tracer une règle uniforme, des principes constants
qui vinssent la régir.

On ne saurait accueillir avec trop de faveur la prescription basée sur
la bonne foi, quand tout du reste milite pour elle. Comment con-
cevoir en effet qu'il puisse être équitablement évincé celui qui possède

un héritage qu'il a cru sien, parce que c'est le bien que lui ont laissé ses pères, ou qu'il a lui même acheté de ses deniers, et auquel il prodigue depuis longues années ses soins industrieux! comment admettre qu'après avoir assis sur cet objet de ses labeurs, ses espérances, quelquefois son avenir et celui de sa famille, un étranger vienne à bon droit le lui ravir ! ce qui était pour lui une conviction intime, irréprochable ne serait donc qu'un rêve qui l'aurait abusé.

Et puis, celui là ne mérite-t-il pas plus d'égards que le propriétaire insouciant, qui, par une négligence coupable, a laissé son domaine dans l'abandon et l'oubli! à ce dernier ne pourrait-on pas dire: *dominum quod quis suâ culpâ sentit, non sentire intelligitur.* Et ne serait-on pas en droit d'ajouter avec un auteur : « cet héritage que vous avez négligé et répudié, abandonnez-le définitivement à celui qui, mieux que vous, peut en être appelé le maitre. Possesseur paisible, il a cultivé, amélioré avec une conscience de son droit que votre abandon a consacré. C'est à lui que doit rester la chose : elle a été consolidée entre ses mains par son titre, par son travail, par votre long acquiescement. Sa jouissance est votre ouvrage; sa conviction est votre fait : ce n'est pas à vous à les troubler. » Et s'il objectait son ignorance, devrait-il être différemment traité ? cette ignorance ne prend-elle pas sa source dans une incurie tout aussi répréhensible?

Quant à la prescription qui n'a pas son principe dans la bonne foi, et qu'on peut au contraire regarder comme gisant *ab initio* dans une injuste cupidité, nous sommes loin de la regarder d'un œil propice, et de nous faire l'apologiste d'une institution éminemme nt immorale en soi Toutefois nous ne pouvons nous empêcher de reconnaître l'exactitude et la justesse des motifs qui l'ont fait admettre, bien que du reste ils soient tout différents des premiers, en ce qu'ils sont calqués plutôt, comme nous allons le voir, sur les exigences de la constitution politique et des intérêts sociaux, que sur l'équité.

Ainsi, à ne suivre que les principes de la stricte morale, il répugne de voir un possesseur de mauvaise foi, devenir propriétaire et jouir conséquemment d'un droit absolu sur la chose qu'il a possédé 50 ans, tandis que le juge ferme l'oreille à la plainte du véritable maître, et regarde comme non avenue sa tardive revendication.

Et cependant, s'il en était autrement, on éviterait sans doute un inconvénient grave, celui de sanctionner l'injustice par la protection accordée au méchant; mais ne tomberait-on pas dans des conséquences plus déplorables? la tranquillité publique ne serait-elle pas sans cesse exposée à des troubles subversifs! l'état tout entier ne serait-il pas à chaque instant menacé de ruine! et d'ailleurs sa prospérité n'exige-t-elle pas que le sort des propriétés ne demeure pas longtemps incertain ! Il fallait donc tâcher de concilier l'équité avec l'intérêt général. C'est ce que le législateur a fait autant que possible, en prolongeant jusqu'à 30 ans le terme voulu pour que le possesseur ne puisse pas être inquiété. Néanmoins bien que ce possesseur ne soit plus obligé aux yeux de la loi civile, cela n'empêche pas, et sa conscience le lui criera toujours, qu'il possède le bien d'autrui.

La durée du temps requis pour prescrire a été diversement réglé dans notre droit civil. On y distingue la prescription trentenaire, celle qui s'acquiert par dix et vingt ans, et celle que l'on nomme de courte durée. Il convenait d'établir une telle distinction, et de ne pas exiger, par exemple, un laps de temps de 20 ou 30 ans pour acquérir des droits ou se libérer d'obligations dont la nature ne comporte pas une trop longue incertitude; comme aussi, il eût été singulièrement inique de limiter à six mois, un an, deux ans, etc. le temps nécessaire pour anéantir des droits de majeure importance, dont la renonciation ne se présume que difficilement.

La prescription se compte par jours et non par heures. Il ne suffit pas, pour qu'elle soit acquise, que le jour *ad quem* soit commencé, il faut encore qu'il soit accompli. Le législateur moderne a fait fléchir en cette matière la règle admise en droit romain *dies inceptus pro finito habetur*. Quant au jour *à quo*, nous ne pensons pas qu'il doive être compté. Le silence de la loi sur cette question démontre assez que les rédacteurs du code civil n'ont pas entendu déroger à la règle universellement suivie, et d'après laquelle le jour *à quo* était exclu. — Les jours se comptent par 24 heures. — Les mois suivant le calendrier Grégorien, sans avoir égard à leur inégalité. — Si le jour *ad quem* est un jour férié, il n'en doit pas moins être compté : tant pis pour celui qui voulait interrompre la prescription, s'il n'a pas fait ses diligences en temps utile, s'il a attendu le dernier jour lorsqu'il avait des mois, des années pour agir· sa négligence lui est imputable; il est juste qu'il en subisse les conséquences méritées.

De la prescription Trentenaire.

Si nous parcourons les diverses phases de la législation romaine, nous y voyons la prescription subir tour-à-tour de nombreuses variations. C'est d'abord l'usucapion, qui fait acquérir les immeubles par deux ans, et les meubles par un an de possession. Puis, vient la prescription de 10 et 20 ans; puis encore celle de 30 ans; enfin des prescriptions de 40 et même de 100 ans.

On suivit en France les mêmes principes, modifiés par un mélange de droit coutumier jusqu'à ce que la promulgation des textes que nous parcourons, ont fait surgir dans notre droit une ère nouvelle, en y introduisant une sage uniformité.

Aujourd'hui la plus longue durée de la prescription est de 30 ans. Toutes les actions tant réelles que personnelles sont prescrites par ce laps de temps , soit qu'il s'agisse d'acquérir , soit qu'on veuille se libérer , et sans que celui qui allègue cette prescription soit obligé d'en rapporter un titre, ou même qu'on puisse lui opposer l'exception déduite de la mauvaise foi , art. 2262. Nous en avons donné les raisons, celle entr'autres de l'intérêt public mis en jeu. Mais pour qu'elle puisse être valablement invoquée , elle doit être accompagnée de la possession réunissant les caractères énumérés en l'art. 2229.

La prescription accomplie rétroagit au moment où elle a commencé. Ainsi celui qui a acquis un immeuble par prescription est censé en avoir été propriétaire du moment qu'il a commencé à le posséder ; il y a à l'égard du véritable propriétaire une présomption de renonciation dont le laps de temps ne fait qu'établir la preuve.

C'est à celui qui allègue la prescription à la prouver. Il en est de même de celui qui oppose une suspension ou une interruption. Cette règle ne fléchit pas même en faveur du créancier d'une rente, auquel il est fort difficile de repousser le moyen de prescription opposé par son débiteur, s'il n'a pas eu la précaution de se faire délivrer des quittances constatant que la rente a été servie. Aussi le législateur est-il venu à son aide par la sage disposition de l'art. 2263, lequel porte : Après 28 ans de la date du dernier titre, le débiteur d'une rente peut être contraint de fournir à ses frais un titre nouvel à son créancier, ou à ses ayant-cause. Le but de cet article, qui, pour le dire en passant, aurait plus convenablement trouvé sa place dans la section première du chap. 4 de notre titre, est en effet un moyen accordé au créancier d'interrompre la prescription qui commence à devenir imminente. — Les frais du nouveau titre sont à la charge du débiteur : ce titre n'est que la reproduction du premier qui était près de périr ; or, s'il a dû fournir le premier, il n'y a pas de raison qui puisse le dispenser de fournir le second. — Le titre nouveau peut être poursuivi contre le débiteur ou ses héritiers. — *Quid* à l'égard du tiers détenteur ? Nous ne pensons pas qu'on puisse l'exiger de lui, lorsqu'il n'est que tiers-détenteur pur et simple, sans être personnellement obligé ; car alors ce n'est pas son fait : il s'agit d'une chose *inter alios acta*. Nous étayons de plus notre opinion sur la disposition de l'art. 2172, au titre des priviléges et hypothèques.

De la prescription de dix et vingt ans.

A la différence de la prescription trentenaire, la prescription par dix et vingt ans doit réunir la double condition d'être basée sur la bonne foi et sur un juste titre. Ce sont là deux équivalents assez forts pour effacer, sous le rapport du temps, la distance qui la sépare de la première, et pour établir entr'elles un juste équilibre.

La rédaction de l'art. 2265, qui ne parle que de l'*immeuble* acquis, a induit la Cour royale de Paris à une fausse interprétation. Nous ne pensons pas, comme le veut cette Cour, que le tiers acquéreur ne puisse pas se libérer par la prescription décennale et vicennale des charges qui grèvent son acquisition. Nous lui attribuons le droit de libération, à cause de la faveur accordée par nos lois aux tiers-détenteurs, à cause surtout de la puissante efficacité de la prescription. Les mêmes motifs nous portent à croire que la servitude et l'usufruit établis sur un immeuble vendu franc et quitte, s'éteignent par dix et vingt ans à l'égard du tiers-détenteur.

Il est un cas exceptionnel dans lequel la prescription par dix et par vingt ans ne saurait servir de base à la translation de la propriété.

C'est lorsque le donateur poursuit sur des tiers, pour cause de survenance d'enfants, la révocation des biens donnés, art. 966. Cette exception est suffisamment motivée par l'intérêt qu'inspire l'enfant, qu'il eût été, sans cela, si facile de dépouiller même avant sa naissance, et par le besoin qu'éprouvait le législateur de le protéger d'une manière spéciale contre de pareilles donations.

La distinction admise en droit romain, relativement aux prescriptions *longi temporis* entre présents et entre absents, a été reproduite par notre droit civil, art 2265 *in fine*. Il résulte de ses termes que la possession doit être continue pendant dix ans, si le véritable propriétaire habite dans le ressort de la cour royale, dans l'étendue de laquelle l'immeuble est situé, et pendant vingt ans s'il est domicilié hors du dit ressort. Et pour parfaire cette disposition, l'art. 2266 ajoute la suivante, puisée dans la novelle 119 de l'empereur Justinien. Si le véritable propriétaire a eu son domicile en différents temps dans le ressort et hors du ressort, il faut pour compléter la prescription, ajouter à ce qui manque aux dix ans de présence un nombre d'années d'absence double de celui qui manque pour compléter les dix ans de présence.

Quid si quelqu'un prescrit un héritage contre deux propriétaires par indivis, dont l'un demeure dans le ressort où l'immeuble est situé, et l'autre hors du ressort ? En ce cas, le possesseur acquerra par la prescription décennale la part du propriétaire présent ; mais il lui faudra dix autres années de possession, c'est-à-dire vingt ans en tout, pour acquérir la part de l'autre.

Nous avons dit que la prescription devait être basée sur la bonne foi
et sur un juste titre.

Qu'entend-on d'abord par un juste titre ? C'est celui qui , bien
qu'émané d'un autre que le vrai propriétaire , est de sa nature translatif de propriété , comme une vente , une donation , etc. Il suit de-là
qu'un jugement; qui est de sa nature déclaratif , et non translatif
de propriété , ne saurait être regardé comme un titre valable. — Pour
qu'il puisse servir de fondement à la prescription , le titre doit être
régulier dans la forme , art. 2267 rapproché de l'art. 2247. Du reste,
la nullité du titre résultant d'un défaut de forme, peut être couverte
par l'exécution que lui donne la partie intéressée à s'en prévaloir.

Passons à la bonne foi. Elle consiste dans l'opinion du possesseur,
qu'il a acquis la chose du légitime propriétaire, ayant la capacité d'a-
liéner. On ne l'exige pas de celui qui livre ; mais elle est nécessaire
à celui qui reçoit. Il faut de plus , pour qu'elle puisse lui servir ,
qu'elle ait sa cause dans une erreur de fait ; *secùs* de l'erreur de
droit. Ainsi j'achète un immeuble à Pierre que j'ai juste raison de
croire propriétaire; il y a erreur de fait : je puis en prescrire la propriété. Mais Pierre est mineur ; je ne l'ignore pas, et néanmoins,
convaincu qu'un mineur peut contracter , je traite avec lui. Dans ce
cas il y a erreur de droit : je ne puis prescrire. La raison de cette différence entre l'erreur de fait et l'erreur de droit résulte du principe :
nul n'est censé ignorer la loi.

L'héritier n'étant que la continuation de la personne du défunt, succède aux vices de la possession de son auteur ; d'où la conséquence
qu'on peut exciper contre lui de la mauvaise foi, lorsqu'il succède à
un possesseur de mauvaise foi. D'où encore cette autre , qui est le
corrélatif de la première , que l'héritier de mauvaise foi d'un possesseur de bonne foi, peut prescrire.

Lorsque c'est une société qui acquiert , il faut considérer la bonne
ou la mauvaise foi du gérant. Sa mauvaise foi empêche la prescription;
car il est membre de la société, et de plus administrateur. S'il est de
bonne foi, mais que ses coassociés aient connu le vice de la pos-

session , nous pensons que la société ne pourra pas non plus prescrire , et cela en vertu du principe : *Licet servus tuus bonâ fide compa-
raverit , non usucapies si tu initio possessionis , scientiam rei alienæ ha-
bueris.*

Si une communauté a commencé de mauvaise foi une possession ,
la bonne foi des membres de cette communauté qui succèdent aux
premiers , n'efface pas le vice originaire , et la prescription ne peut
avoir lieu en leur faveur.

La bonne foi est toujours présumée jusqu'à la preuve contraire. Il
suffit qu'elle ait existé au moment de l'acquisition : *Mala fides superveniens
non interrumpit usucapionem.* Ainsi un acquéreur de mauvaise foi traite
avec celui qui aurait acquis de bonne foi la chose d'autrui , il la prescrira contre le véritable propriétaire , parce que la possession est valable dès son principe , et que le dernier acquéreur ne fait qu'en conti-
nuer l'exercice , art. 2235.

De quelques prescriptions particulières.

Les prescriptions dont nous allons parler n'ont pas été traitées
dans des titres spéciaux. Elles s'accomplissent toutes par moins de
dix ans , et ne s'appliquent qu'à des droits personnels : jamais à des
droits réels. Elles sont fondées les unes sur la présomption dn paiement
et sur l'usage où l'on est de payer sans retard et sans quittance cer-
taines dettes , les autres sur des considérations d'ordre public, comme
la prescription de cinq ans qui est un moyen d'empêcher une accu-
mulation d'intérêts ou arrérages ruineuse pour le débiteur.

L'art. 2271 énumère les personnes dont l'action est soumise à la
prescription de six mois. L'art. 2272 s'occupe de celles dont l'action se
prescrit par un an.

Le code Civil établit dans ces deux art. des distinctions peu ration-
nelles , et qui n'ont même pas de motifs spécieux. Nous croyons qu'il
eût mieux valu régler sur le même délai les prescriptions qu'ils men-
tionnent. Pourquoi les domestiques ont-ils un an pour agir , tandis
que les gens de travail n'ont que six mois? les premiers ne sont-ils

pas aussi pressés que les seconds de recevoir leur salaire ? — N'est-il pas également arbitraire que l'hôtelier et le restaurateur soient déchus de leur action , s'ils ne l'intentent pas dans les six mois, tandis que le médecin, chirurgien , pharmacien , huissier , marchand , maître de pension a un an pour l'exercer ?

La disposition de l'art. 2271 , ne s'applique pas aux maîtres ouvriers qui placés ordinairement dans une condition meilleure que les simples ouvriers , ne sont dans l'usage de présenter leur compte qu'à la fin de l'année. —Ne sont pas ouvriers , les entrepreneurs. Leur action, n'étant limitée par aucun texte de loi, dure trente ans. Si un ouvrier est aussi entrepreneur , la qualité de spéculateur devient la qualité dominante : — Conséquence. Si un ouvrier est en même temps marchand , comme un marchand tailleur , la qualité de marchand l'emporte : — Conséquence.

La prescription qui concerne le médecin et le chirurgien , ne commence à courir que du jour de la cessation des visites et pansements , qui forment un tout , et doivent par conséquent produire une seule et même créance. Il n'y a pas même raison de décider à l'égard du pharmacien. Celui-ci ne suit pas le cours de la maladie ; les fournitures qu'il fait ne se lient pas les unes aux autres ; il y a en somme autant de créances diverses que d'ordonnances remplies. D'où nous sommes amenés à conclure que chacune de ces créances donne lieu à une action particulière, qui se prescrira par un an. Ainsi , le montant des remèdes qu'il aura livrés dans le mois de juillet 1846 sera prescrit , s'il laisse passer le quantième du mois de juillet 1847 qui correspond au jour de la livraison , sans réclamer le paiement. Le montant de ceux livrés au mois d'août , le sera au mois d'août de l'année suivante, bien que les uns et les autres aient été fournis pendant le cours de la même maladie.

A fortiori en est-il de même à l'égard du marchand, pour des marchandises qu'il vend à des particuliers non marchands. Mais de marchand à marchand, la prescription annale n'a pas lieu. On observe les règles du commerce ; d'ailleurs on consulte leurs livres.

A propos de la disposition de l'art. 2273, qui fixe à deux ans la prescription de l'action des avoués pour le paiement de leurs frais et salaires, on s'est demandé s'il ne devait pas en être de même à l'égard des avocats. Mais le silence de la loi doit suffire, ce nous semble, pour faire décider la négative. L'action de ce dernier ne sera donc prescriptible que par trente ans. Il en est de même de celle des agréés, greffiers, notaires, agents d'affaires, qui demeurent placés sous l'empire du droit commun. Il faut remarquer que l'action des avoués relative à des affaires non terminées, ne se prescrit que par cinq ans.

L'art. 2274, veut que la prescription dans les cas ci-dessus, ait lieu quoiqu'il y ait eu continuation de fournitures, livraisons, services et travaux. Sans cette disposition, il fut devenu fort difficile, pour ne pas dire impossible, de l'invoquer. Mais elle cesse de courir lorsqu'il y a eu compte arrêté, cédule ou obligation, ou citation eu justice non périmée, même art. Dans tous ces cas, il n'est pas à présumer que le débiteur ait payé sans retirer quittance.

Les prescriptions dont nous venons de parler, reposent sur une présomption de paiement. Mais cette présomption peut être anéantie par la preuve contraire, qui résulte du serment déféré par le créancier au débiteur ou à ses représentants, art. 2275. Comme ces prescriptions sont de courte durée, la loi est venue en aide aux créanciers à qui on les oppose, en lui accordant le droit de déférer le serment sur la question de savoir si la chose a été réellement payée. Et certes, c'est une garantie bien puissante que celle-là, puisqu'on voit tous les jour des hommes de mauvaise foi reculer devant la noirceur d'un parjure ; et qu'il en est bien peu d'assez pervers pour braver sans faillir cette terrible épreuve.

La différence posée en l'art. 2276, entre la prescription relative aux juges et avoués pour la décharge des pièces, et celle relative aux huissiers, vient de ce que le ministère des huissiers comporte plus de promptitude que celui des juges et des avoués. Aussi la loi a-t-elle déclaré que ceux-ci resteraient obligés pendant cinq ans à dater du jugement du procès, tandis qu'il suffirait de deux ans à partir de l'exécution de leur mandat, pour libérer ceux-là.

L'art. 2277, soumet à la prescription de cinq ans, les arrérages des rentes perpétuelles et viagères, ceux des pensions alimentaires, les loyers, fermages, intérêts et généralement tout ce qui est payable par années ou à des termes périodiques plus courts. Cette prescription contre laquelle le serment n'est pas admis, est moins fondée sur une présomption de paiement, que sur la faveur due au débiteur qui pourrait parfois se voir ruiné d'un seul coup, si on le forçait à payer des intérêts accumulés depuis longues années. — Les intérêts moratoires, ceux du prix de vente et ceux de la dot, se prescriraient par cinq ans. Nous le décidons ainsi, d'abord parce que les termes de l'art. 2277 ne s'y opposent pas, et que les divers cas qu'il énumère doivent être considérés comme démonstratifs plutôt que comme limitatifs : en second lieu, parce que son esprit nous semble militer assez puissamment en faveur de cette opinion.

Les prescriptions de courte durée dont nous nous sommes occupés dans cette section courent contre les mineurs et les interdits, art. 2278. Ici, leur intérêt quelque grand qu'il soit, se trouvait en opposition avec un intérêt d'un ordre bien plus élevé, l'intérêt public, qui devait nécessairement l'emporter dans la balance, et cela avec d'autant plus de raison, que la loi dédommageait les mineurs en leur réservant un recours contre leurs tuteurs.

En fait de meubles, la possession vaut titre, art. 2279. Il est toutefois une exception à ce principe, dans le cas où la chose mobilière a été perdue ou volée. Le propriétaire peut alors la revendiquer pendant trois ans, à compter de la perte ou du vol, contre celui dans les mains duquel il la trouve, sauf à celui-ci son recours contre celui duquel il la tient, même art. Il faut rapprocher de cette disposition celle de l'art. 2280 qui en est le complément : Si le possesseur actuel de la chose perdue ou volée, l'a achetée dans une foire, ou dans un marché, ou dans une vente publique, ou d'un marchand vendant des choses pareilles ; le propriétaire originaire ne peut se la faire rendre qu'en remboursant au possesseur le prix qu'elle lui a coûté. La loi l'a ainsi voulu à cause de la bonne foi présumée du possesseur , et surtout dans l'intérêt du commerce. Mais le propriétaire qui rembourse le prix a son recours contre le voleur , ou celui qui a trouvé la chose.

Il y a encore d'autres exceptions au principe qu'en fait de meubles la possession vaut titre. C'est lorsque la chose est parvenue entre les mains du détenteur par un contrat, un quasi-contrat, un délit, un quasi-délit. Si , par exemple, le voleur ne peut être poursuivi par la voie criminelle après trois ans , il peut toujours être recherché par l'action civile, et le propriétaire a trente ans pour se faire restituer la chose volée. On conçoit, en effet, qu'il y ait une différence entre le voleur et celui qui a acheté de lui de bonne foi.

On ne peut pas dire que la disposition de l'art. 2281, qui fixe à trente ans le temps nécessaire à l'accomplissement des prescriptions pour lesquelles les lois anciennes fixaient une plus longue durée, contrarie le principe de la non rétroactivité des lois ; car tant que la prescription n'est pas accomplie, le possesseur n'a qu'une espérance, et non un droit acquis. D'ailleurs, admettrait-on qu'il a un droit acquis, le législateur n'est-il pas libre d'imposer, pour sa conservation, telle condition qu'il lui plaît, comme celle d'un délai plus ou moins long !

Code de Procédure civile.

DE L'ACQUIESCEMENT EXPRÈS OU TACITE AUX JUGEMENTS.

L'acquiescement n'est, à proprement parler, autre chose que le désistement du défendeur. Le défendeur qui acquiesce à la demande formée contre lui, renonce, par cela même, à faire valoir ses moyens, se regarde comme obligé, et se ferme ainsi volontairement toutes voies de recours ordinaires ou extraordinaires. Divers motifs peuvent le déterminer à en agir ainsi ; par exemple, lorsqu'il n'a pas de moyens valables à proposer, ou qu'il n'a que des moyens douteux, qui lui laissent peu de chances de gain ; ou bien encore, lorsqu'ayant de bon moyens, il préfère sa tranquillité à l'embarras d'un procès dont les lenteurs souvent deviennent dispendieuses, même à celui qui le gagne. Toutefois, l'expérience prouve assez qu'il est peu de plaideurs que cette dernière considération retienne, quand d'ailleurs la légitimité de leurs raisons leur laisse entrevoir une heureuse issue. C'est, du reste, là un sentiment assez naturel : on est généralement peu disposé à renoncer à ses droits, à sacrifier gratuitement ses intérêts, quand un étranger vient les contester.

L'acquiescement diffère du désistement en ce qu'il n'a pas, comme lui, besoin d'être accepté pour être valable, et qu'il peut par conséquent être exprès ou tacite. L'acquiescement tacite peut résulter d'une foule de circonstances, telles que l'expiration des délais, l'exécution volontaire de la sentence, etc.

L'acquiescement exprès peut être donné à l'amiable, c'est-à-dire en la forme qu'il plaît aux parties ; ou judiciairement, c'est-à-dire par un simple acte signifié d'avoué à avoué, signé de la partie ou de son mandataire. Il y a encore cette différence, que le désistement n'est que l'abandon de l'exercice de l'action, tandis que l'acquiescement emporte aliénation du fond du procès, abandon total de l'objet réclamé, d'où la conséquence que pour pouvoir acquiescer il faut être capable de disposer. Ainsi, le mineur ne peut acquiescer. Le tuteur ne peut non plus valablement acquiescer, de son chef, à une demande formée contre lui, représentant son pupille. Mais il faut qu'il s'agisse d'une demande relative à des droits immobiliers, art. 464 Code civ. Car cet acquiescement est une aliénation, laquelle ne peut être faite qu'avec l'autorisation du conseil de famille, homologuée devant le tribunal de première instance, sur les conclusions du ministère public, art. 458. Le tuteur peut néanmoins acquiescer *suâ sponte*, à une demande en partage dirigée contre le mineur, art. 465. Ici, ce n'est pas un acquiescement volontaire, puisqu'il ne peut s'opposer au partage, que l'on obtiendrait toujours malgré lui. D'ailleurs cet acquiescement n'emporte pas aliénation. Il peut aussi acquiescer, s'il s'agit de droits purement mobiliers. Encore même, dans ce cas, le mineur qui se prétendra lésé aura-t-il moyen de se faire restituer contre cet acquiescement. Il pourra, en effet, s'il y a eu jugement, le faire annuler par les voies de droit. Mais ces voies peuvent lui être fermées par l'expiration des délais ; car, si la conservation des droits des incapables est d'ordre public, la stabilité des jugements l'est aussi ; et dans ce conflit d'intérêts la société réclamait le sacrifice du premier en faveur du second, qui la touche encore de plus près. En supposant donc que les voies de recours lui soient fermées, il aura toujours une action contre le tuteur, art. 444 Code de proc.

Si l'acquiescement n'a pas été suivi de jugement, le mineur pourra intenter, dans les dix ans de sa majorité (art. 1304 C. civ.), l'action en rescision que la loi lui accorde contre les conventions par lesquelles il se trouve lésé, art. 1305 ; car l'acquiescement est une véritable convention entre le demandeur et le défendeur. L'acceptation, sans doute, n'est pas nécessaire ; mais elle existe toujours d'une manière implicite, nous dirons même forcée. — L'acquiescement est aussi transaction. La transaction est, en effet, un contrat par lequel les parties terminent une contestation née, art. 2044 C. civ.

Quid de l'acquiescement des époux à une demande relative au fond dotal ? Il est valable si ce fond dotal est meuble, art. 1554 C. civ., ou si, étant immeuble, l'aliénation en a été permise par le contrat de mariage, art. 1557. *Secùs* dans le cas contraire, et cela comme juste conséquence du principe que l'acquiescement emporte aliénation.

On ne peut acquiescer par anticipation, c'est-à-dire qu'on peut bien renoncer à faire valoir ses droits, à proposer ses moyens ; mais si une fois on a déclaré, par exemple, qu'on s'en remettait à la sagesse ou à la justice du tribunal, il ne s'en suit pas qu'on ait entendu renoncer aux voies de recours ouvertes contre la sentence.

Nous avons dit que l'exécution volontaire de la sentence était un acquiescement tacite. Mais il ne faudrait pas considérer comme volon- taires les mesures que prendrait la partie pour se soustraire à la saisie, à l'emprisonnement, comme serait le paiement après commandement du principal et des dépens d'une sentence en dernier ressort, et contre laquelle la voie de l'opposition est également fermée. Cette sorte d'exécution n'ôte pas à la partie condamnée le recours en requête civile ou en cassation. S'il en était autrement, ce serait la placer dans une bien cruelle alternative.

L'acquiescement emporte l'obligation de se conformer à la demande et d'en exécuter les termes ; en second lieu, de payer les frais exposés par le demandeur. Lorsqu'un individu acquiesce à une demande for- mée contre lui, c'est qu'ordinairement il la tient pour fondée, et l'on est en droit de la présumer telle. Il n'a donc qu'un moyen pour im- poser silence à celui qui réclame, c'est de le satisfaire d'une manière complète en lui délivrant ce qu'il demande, et en le dédommageant à la fois des frais qu'a nécessités sa réclamation.

Si le demandeur refuse d'accepter la chose litigieuse, le défendeur lui en fait des offres, conformément aux art. 1257 et suiv. du Code civil. — Si le défendeur ne fait pas d'offres, le demandeur doit obtenir jugement pour pouvoir l'y contraindre. Car, bien que l'acquiesce- ment donne le droit de demander la chose abandonnée, il ne vaut pas titre exécutoire et ne suffit pas pour obliger le détenteur qui ac- quiesce, à livrer cette chose : ce n'est qu'en vertu d'un jugement qu'il peut y être contraint.

Droit Commercial.

—

DROIT MARITIME.

Des avaries. — Du jet.

Le mot *avarie* vient de ce que dans le moyen-âge les menus frais et les pertes volontaires étaient répartis entre les divers chargeurs et le maître du navire , proportionnellement à *l'avoir* de chacun. Au moyen-âge le capitaine était *maître* et propriétaire du navire ; les chargeurs faisaient partie de l'équipage , accompagnant ainsi leur marchandise. Dans les occasions critiques le capitaine les consultait sur le point de savoir s'ils étaient d'avis de prendre telle ou telle mesure, par exemple, de relâcher à tel port dans l'intérêt commun. L'avis de chacun ainsi pris, ils contribuaient tous en proportion de leur avoir personnel à ces petits frais de conservation.

Le mot *avarie* répond donc au mot contribution. Toutefois le maître du navire ne contribuait pas toujours avec les chargeurs en proportion de sa valeur entière : il lui était tenu compte du sacrifice de son temps et des dangers auxquels il exposait sa personne.

D'après les coutumes de la Méditerranée , l'avarie ne comprenait que le dommage matériel ; le dommage immatériel, que nous qualifions de dommage moral, n'était jamais pris en considération. Ces principes ne sont plus applicables de nos jours.

Telle était l'avarie dans le principe ; mais à dater de l'introduction du contrat d'assurance , le mot avarie fut détourné de sa signification primitive et employé pour désigner le dommage à payer par les assureurs , bien que ce dommage ne donne lieu à aucune répartition entre les chargeurs. Il importe de noter cette double signification et son origine , parce que sans cette précaution , il serait impossible de se rendre compte de la confusion qui existe dans les titres 11 et 12 du livre 2 du Code de Commerce. Il est en effet des charges particulières qui ne donnent lieu à aucune contribution , et qu'on a improprement qualifiées avaries. Il en est d'autres au contraire qui doivent être réparties entre les divers chargeurs; ce sont les seules qu'on eût dû appeler de ce nom ; mais la doctrine est telle sur ce point.

Les avaries ont été divisées en deux classes ; avaries grosses ou communes et avaries simples ou particulières. Les premières sont celles qui , bien que commandées par les circonstances, proviennent d'un sacrifice volontaire , du fait immédiat de l'homme. es secondes sont celles qui résultent d'événements indépendants de sa volonté, et qu'il n'était pas en son pouvoir d'empêcher, art. 400 et 403.

Celles-ci sont supportées par le propriétaire de la chose qui a essuyé le dommage ou occasionné la dépense ; celles-là doivent être réparées par la contribution commune.

Si nous supposons qu'un navire ait été forcé de faire relâche pour réparer une avarie commune, les frais d'entrée du port de relâche devront être rangés dans la même catégorie que cette avarie dont ils ne sont que la conséquence. Il en sera de même des frais de chargement. Quant à la nourriture et au loyer des gens de l'équipage, l'art. 400 § 6 le veut encore ainsi sans faire aucune distinction pour deux cas qu'il importe cependant de ne pas confondre. Ce sont : lorsque le navire, loué au mois, est arrêté en voyage par ordre d'une puissance ; et lorsqu'il s'arrête volontairement pour réparer les dommages causés par l'avarie commune.

Dans le premier cas, pendant toute la durée de la détention, il n'y a pas de fret à payer de la part des chargeurs au propriétaire du navire ; mais ils profitent des soins que l'équipage continue de donner à la conservation du chargement ; il est donc juste qu'ils contribuent proportionnellement aux frais de nourriture et de loyer des matelots. Néanmoins, cette contribution n'est pas, à proprement parler, une avarie commune ; car ce n'est pas volontairement qu'on s'est arrêté ; il n'y a pas eu sacrifice en vue d'échapper à un péril.

Dans le second cas, l'article précité consacre une erreur ; nous dirons mieux, une injustice. Pendant la relâche pour réparations, le propriétaire du navire ne cesse de toucher le fret : or, n'est-il pas plus juste de l'obliger seul à fournir la nourriture et les loyers des matelots, comme pendant tout le reste du voyage, que de contraindre les affréteurs à venir en contribution ? Et peut-on dire qu'il y ait avarie commune ?

Cette distinction ne sera pas sans importance, si l'on observe que la clause *franc d'avarie* affranchit les compagnies d'assurance de l'avarie particulière et laisse subsister l'avarie commune.

Supposons maintenant que le navire ait fait relâche pour réparer une avarie particulière. L'art 403 range les trois espèces posées ci-dessus dans la catégorie des avaries particulières. Un arrêt de la Cour de Rouen a classé parmi les avaries communes les frais de chargement et de déchargement. Cet arrêt, contraire à la jurisprudence, résulte de l'aberration de cette Cour qui a confondu l'action en contribution avec l'action d'avarie. — Il n'y a ici ni avarie commune, ni avarie particulière, mais seulement action en contribution ; et si par exemple, un des chargeurs prouve qu'il n'a pas été nécessaire de décharger sa marchandise pour réparer le vaisseau, il pourra en exciper pour se faire dispenser de contribuer aux frais de déchargement.

En ce qui touche les rapports des assurés et des assureurs, il faut distinguer entre les dommages *matériels* et les *dépenses* Pour les dommages matériels, la compagnie a le droit de déduire les *franchises* et réductions par elle stipulées sur la marchandise ; tandis qu'il n'en est pas de même pour les dépenses faites à l'occasion de cette marchandise. Il n'y a pas en effet parité de raison dans les deux cas : au premier cas, le taux de la déduction est fondé sur la nature plus ou moins périssable de l'objet ; au second cas, il ne s'agit que d'examiner le *quantùm* des déboursés.

Il faut encore distinguer entre la perte en bloc et la détérioration. En cas de perte en bloc, les assureurs sont tenus par l'action en délaissement de payer la totalité de la marchandise, et ils ont droit à ce qui en reste ; tandis que s'il y a simple détérioration, ils en paient l'évaluation, sans être tenus au de-là, mais aussi sans revendication aucune de leur part.

Il ne faut pas confondre non plus le dommage volontaire avec les dépenses faites dans l'intérêt commun. Le sacrifice volontaire fait dans l'intérêt commun doit être restitué par la contribution ; mais la dette est éteinte, si les valeurs contribuables viennent à périr. Au contraire, s'il s'agit des dépenses faites dans l'intérêt de tous, il y a lieu à restitution, encore que la chose, objet de la dépense, vienne à périr. Dans le premier cas, il y avait lieu à une contribution ; dans le second, il s'agit d'une restitution de deniers.

L'avarie commune est , nous l'avons vu , un sacrifice volontaire souf-
fert dans l'intérêt commun. Mais le jet n'est aussi autre chose que
cela ; le jet est donc une avarie commune ; tout ce qui est vrai pour
elle pouvait aussi lui être appliqué , sans qu'il eût été nécessaire de
faire deux titres spéciaux pour ces matières , et de consacrer ainsi
des répétitions inutiles , comme le prouvent les art. 415 et 417 com-
parés aux art. 397-400-401-402. La cause de ces deux titres analogues
qu'on trouve dans le droit maritime, vient de ce que les principes relatifs
au jet avaient été formulés avant qu'il y eût des assurances et qu'on
eut à s'occuper d'avaries. Plus tard, quand le contrat d'assurance prit
naissance , on régla la matière des avaries , tout en laissant subsister ,
à côté des principes nouveaux , les principes sur le jet qui étaient à peu
près les mêmes.

On est tenu de rétablir par la contribution l'objet jeté , et de réparer en outre , tous les dommages qu'a nécessités le jet. Quant aux autres dommages , qui ne seraient pas la conséquence immédiate du jet ,
ils rentrent dans la classe des avaries particulières.

Si le jet sauve le navire, et si le navire en continuant sa route vient
à se perdre , les effets sauvés contribuent au jet sur le pied de leur
valeur en l'état où ils se trouvent , déduction faite des frais de sauve-
tage , art. 424. Ainsi, il y a lieu à contribution entre le propriétaire
des effets sauvés et le propriétaire des effets jetés à la mer. Pas de
difficultés sur cet article.

Passons à l'art. 423 : Si le jet ne sauve le navire , porte cet article ,
il n'y a lieu à aucune contribution : les marchandises sauvées ne sont
point tenues du paiement ni du dédommagement de celles qui ont été
jetées ou endommagées. C'est , par exemple , un navire poursuivi par
un corsaire ; il jette des effets à la mer pour faciliter sa fuite , ce qui
ne l'empêche pas d'être pris. Cependant l'équipage prisonnier se ré-
volte et reprend son navire. De la sorte le navire est sauvé , mais non
pas par le jet. Dans l'espèce posée , notre article refuse à ceux dont
la marchandise a été sacrifiée, toute action en contribution contre ceux
dont la marchandise est demeurée intacte. Telle est aussi la doctrine pro-

fessée par Pothier, Emérigon, Valin, doctrine que, par une fausse interprétation, on a cru découvrir dans les textes romains. La loi romaine (loi 4 et 5, au Digeste, *Jactus in contributum*) dit qu'il y a lieu à contribution *si le navire est sauvé, est sain*, et non pas si le jet sauve le navire. C'est ainsi que l'ont compris les Anglais, et c'est là du reste la seule interprétation rationnelle. Les auteurs se sont trompés, et le législateur s'est trompé avec eux, quand il s'est ainsi exprimé : si le jet ne sauve le navire. C'est parler d'une manière trop absolue et peu conforme aux vrais principes de l'équité ; car, nous venons de le voir, le jet peut ne pas sauver le navire, et cependant le navire peut être sauvé par un autre moyen. Est-il juste que la marchandise sacrifiée pour sauver celle qui reste, l'ait été en pure perte ? ne convient-il pas au contraire d'admettre qu'elle a été jetée dans l'intérêt de tout le chargé, et que conséquemment la contribution doit avoir lieu ?

Puisque nous avons prononcé le mot contribution, voyons de quelle manière elle doit être répartie en matière d'avarie commune. — Toute contribution suppose deux masses : dans notre espèce, l'une de ces masses est formée par l'état des avaries ; l'autre par les valeurs contribuables.

— 1° Dans la masse formée par l'état des avaries figurent les dépenses faites dans l'intérêt commun, la valeur des objets dépendant du navire, et la valeur des objets dépendant du chargement, qui ont été volontairement sacrifiés.

Quant aux dépenses, il est dû ce qui a été payé.

Pour ce qui regarde le navire, si, par exemple, on a été obligé de couper les mâts, il faudra, par la contribution, restituer au propriétaire tout ce qu'il lui en aura coûté au port de relâche pour leur rétablissement, sauf la juste déduction de vieux à neuf.

En ce qui touche la marchandise, le prix en est établi par sa valeur au lieu du déchargement, art. 402. La raison en est que, à la différence du navire, la marchandise est destinée à rester au port de déchargement. — La marchandise restituée par la contribution est représentée par le prix, et n'est pas censée périe ; on la considère comme n'étant pas sortie du vaisseau ; en conséquence, le fret est dû par le propriétaire de cette marchandise au capitaine du vaisseau ; on devra donc lui payer la valeur de sa marchandise au lieu du déchargement ; mais déduction faite du prix qu'il a payé lui-même pour le fret, lequel fret reste à sa charge.

Ne sont pas compris dans l'état des avaries les effets chargés ainsi et comme il est dit dans les art. 420 et 421 ; c'est-à-dire s'il n'y a pas de connaissement, ou si les effets sont chargés sur le tillac ; mais ils contribuent s'ils sont sauvés. Les articles cités ne tendent qu'à punir le chargeur imprudent ou négligent, et non celui qui a veillé plus que les autres à la conservation de ses effets ; comme celui qui les met sous la dunette qu'on regarde comme la place la plus sûre du vaisseau, et qu'il faut bien se garder de confondre avec le tillac. Ainsi l'a sagement décidé la cour de cassation.

— 2° Quelques mots sur les valeurs contribuables.

La marchandise sacrifiée devra-t-elle contribuer, ou non ? sera-t-elle en d'autres termes contribuable, ou non, sur elle-même, toutes proportions gardées ? Ainsi il périt cent sur deux cents ; les cent qui restent devront-ils contribuer seuls, de telle sorte qu'ils soient employés en totalité à couvrir les cent qui ont péri ? Il est aisé de se convaincre du peu de fondement qu'il y aurait à soutenir l'affirmative. C'est pourtant dans ce sens, mais à tort, que le décidait la loi romaine. On ne conçoit pas comment le jurisconsulte romain a pu s'aveugler à ce point. Bref, nous n'admettons pas un principe qui nous amènerait à une si étrange conséquence ; car enfin, dans l'espèce posée, ce serait garantir ce que l'on sacrifie au détriment de ce pourquoi on est censé l'avoir sacrifié. Nous tenons donc pour constant que toute marchandise, tant celle qui a péri que celle qui a été sauvée, doit contribuer à la restitution.

Le prix des marchandises qui doivent contribuer est établi par leur valeur au lieu du déchargement, déduction faite de tous frais et loyers des matelots, art. 304 : on ne considère que la valeur réelle. Ainsi, dans l'état des avaries, la marchandise perdue figure avec tous les frais qu'elle nécessite, parce qu'on la regarde comme toujours existante en nature. Dans la contribution, au contraire, ce n'est que déduction faite de tout ce qui tend à en diminuer la valeur ; ou mieux, déduction faite des valeurs dont elle est diminuée par suite des frais qu'elle nécesite.

Si la valeur contribuable des objets mis en risque est plus forte au lieu du *reste* que la somme pour laquelle ils ont été assurés, le surplus de la contribution est à la charge des assurés. La compagnie n'est tenue de faire compte que de ce qu'elle aurait dû payer si la valeur de la chose assurée était toujours restée la même, c'est-à-dire le dividende proportionnel dont elle aurait été tenue si la valeur eût été la valeur primitive.

Si la valeur contribuable est inférieure, la compagnie devra rembourser à l'assuré la part contributoire qu'il a dû payer lui-même.

Les munitions de guerre et de bouche et les hardes des gens de l'équipage ne contribuent point au jet ; la valeur de celles qui auront été jetées, sera payée par contribution sur tous les autres effets, art. 419.

Les avaries communes sont supportées par les marchandises, par la moitié du navire et du fret au marc le franc de la valeur, art. 401. Cet article ne soumet pas le fret ou nolis à une entière contribution. Le fret profitant de la contribution doit entrer dans les valeurs contribuables ; mais, d'un autre côté, il n'est pas un bénéfice net pour le capitaine ; il donne lieu à des dépenses telles que loyers, nourriture des matelots ; il est donc rationnel qu'il ne contribue que déduction faite de ces dépenses, c'est-à-dire en raison du gain qu'il procure. Mais les difficultés qu'il y aurait à calculer au juste ce gain, ont amené la coutume commerciale et le législateur à poser une base fictivè d'évaluation, qui est la moitié.

La contribution du navire est aussi de moitié. Le motif de cette disposition repose sur la coutume primitive qui attribuait ce privilége au capitaine, en considération de ce qu'il exposait son temps, sa santé et sa personne. Or, payer de sa personne dans le danger, est un genre de contribution dont on tient compte aujourd'hui, aussi bien qu'autrefois.

Droit Administratif.

—

DES CONFLITS.

Nature du conflit. — Ses diverses espèces — Devant quels tribunaux et à quelle période de l'instance il peut être élevé- — Par qui il est élevé.

Il y a conflit toutes les fois que deux autorités sont saisies d'une même contestation , ou que l'une d'elles revendique la cause portée devant l'autre. Ces deux autorités peuvent appartenir à un même pouvoir , ou à deux pouvoirs de nature différente. Au premier cas , le conflit prend le nom de *conflit de juridiction* ; au second cas , on l'appelle *conflit d'attribution*. Ils sont l'un et l'autre ou positif ou négatif.

La première de ces deux espèces de conflits, c'est-à-dire le conflit de juridiction entre deux tribunaux de la justice déléguée, est réglementée par les dispositions du Code de procédure civile , art. 363 et suivants. Nous avons à nous occuper de la seconde espèce , du conflit d'attribution.

Et d'abord , nous le regardons comme intéressant essentiellement l'ordre public. Sans doute les parties engagées dans la contestation , ou tout au moins l'une d'elles, ont intérêt à ce que le débat soit vidé par telle autorité plutôt que par telle autre; mais cet intérêt n'est que secondaire, si on le compare à celui du corps social tout entier, dans la lutte de deux pouvoirs rivaux, tous deux également libres , également indépendants l'un de l'autre. Le bon ordre et la paix publique ne sont-ils pas les bases de toute société bien assise ?

Il résulte de ce rapide aperçu et de l'ordonnance du 18 septembre 1839 , que le conflit participe à la fois du gracieux et du contentieux. D'après les termes de l'ordonnance, l'instruction en est faite, non par le comité du contentieux , mais par le comité de législation , dans la forme gracieuse ; tandis que les débats et le jugement ont lieu dans la forme contentieuse.

N'oublions pas de noter que c'est toujours à l'autorité administrative, qu'il appartient d'élever le conflit, jamais à l'autorité judiciaire ; la raison principale s'en fera aisément pressentir, si nous nous en référons à ce que nous avons déjà dit, savoir que le conflit intéresse l'état. Mais il n'est pas inutile d'ajouter que le pouvoir judiciaire n'est pas un pouvoir actif de sa nature, et qu'il doit se borner à connaître des contestations qui lui sont soumises.

Le conflit d'attribution entre les tribunaux et l'autorité administrative, ne peut être élevé en matière criminelle (ordon. du 1er juin 1828, art. 1er). Cette disposition s'explique suffisamment par elle-même ; les motifs qui l'ont dictée ne sont autre chose que la consécration du principe de la séparation des pouvoirs, proclamé en 1789, par l'Assemblé Constituante. Il ne faudrait pas cependant l'interprêter dans un sens trop absolu, sous peine d'arriver à de fâcheux résultats.

Il peut arriver en effet qu'à une matière criminelle se trouve intimement liée une question préjudicielle, de la compétence de l'autorité administrative, laquelle autorité doit pouvoir, en pareil cas, revendiquer la connaissance de cette question. Autoriser les tribunaux judiciaires à statuer sur le tout, ce serait tolérer un excès de pouvoir éminemment contraire au principe. Du reste, l'art 2 de l'ordonnance de 1828 est moins radical en matière de police correctionnelle, matière pour laquelle, il consacre la distinction que nous venons de proposer. Or, nous ne voyons pas pourquoi on ne conclurait pas par analogie d'un cas à l'autre.

Nous ne pensons pas, bien que cette opinion ait été soutenue par un auteur recommandable, que le conflit puisse être élevé devant les tribunaux de commerce et les justices de paix.

D'abord, comment se conformer devant ces tribunaux, près desquels il n'y a pas de procureur du roi, à toutes les formalités que l'ordonnance prescrit à peine de nullité ? Et puis, a-t-on à redouter les usurpations de pouvoirs de la part de juges amovibles et subalternes ?

Quant au conflit devant les tribunaux de simple police , nous l'admettons sur le vu d'une ordonnance du 4 mars 1819 , relative à une contravention en matière de roulage , laquelle matière , aux termes de la loi du 29 floréal an X , et du décret du 23 juin 1806 , est de la compétence de l'autorité administrative.

Le respect dû à la chose jugée , met obstacle au conflit, dès que le jugement a définitivement acquis ce titre , c'est-à-dire lorsqu'il est en dernier ressort ou acquiescé. Néanmoins , ajoute l'art. 4 de l'ordonnance de 1828 , le conflit pourra être élevé en cause d'appel , s'il ne l'a été en première instance , ou s'il l'a été irrégulièrement après les délais prescrits par l'art. 8. Remarquons avec M. Duvergier , que l'art. 8 fixe des délais pour deux cas très-différents : Dans le premier, le délai de quinzaine commence à compter du jour de l'envoi au préfet du jugement qui rejette le déclinatoire ; dans le deuxième au contraire, le déclinatoire est admis , mais il y a appel de la partie ; le délai de quinzaine date alors du jour de la signification qui en est faite au préfet.

Ainsi, le conflit n'est plus possible , alors seulement qu'il est intervenu une décision qui met fin au procès et dessaisit l'autorité judiciaire. Mais tant que la cause est encore pendante , tant qu'il n'y a pas eu jugement définitif sur le fond , en un mot chose jugée, le conflit peut toujours être élevé. — Conséquence : Il peut l'être à toutes les périodes de l'instance, après un jugement interlocutoire , après la cassation , etc. Il peut l'être en cause d'appel , nous l'avons dit ; mais ce n'est que lorsque l'appel a été interjetté, et non pendant le délai que la loi réserve à cette fin à la partie condamnée. — Il n'est pas nécessaire que le déclinatoire soit renouvelé devant le tribunal d'appel. C'est dans ce sens qu'après de nombreuses oscillations, la jurisprudence du conseil-d'État paraît s'être définitivement fixée. Cette interprétation semble du reste plus conforme au texte de l'ordonnance qui porte, article 8 : Si le déclinatoire est admis , le préfet pourra élever le conflit *dans la quinzaine* qui suivra la signification de l'acte d'appel, si la partie interjette appel du jugement. On voit en

effet que ce délai de quinzaine, qui suit la signification de l'acte d'appel, serait insuffisant pour proposer le déclinatoire, le faire juger,
envoyer l'arrêt au préfet, et obtenir son arrêté de conflit. Le délai
dont parle l'art. précité est fatal et emporte déchéance. Mais si le déclinatoire n'avait pas été proposé en première instance, soit pour cause
d'ignorance de l'existence du litige, soit parce que la cause était portée
devant un tribunal de commerce ou une justice de paix, alors il n'y
a point de délai de rigueur; le préfet peut agir à toutes les phases
de la procédure, puisqu'aucun acte ne l'a mis en demeure, et
qu'il est resté étranger à l'instance devant les premiers juges.

Même règle en ce qui touche l'opposition.

Une exception au principe posé relativement à l'inadmissibilité du
conflit lorsqu'il y a chose jugée, est la suivante : jugement en dernier
ressort sur le fond du litige, partant pas de conflit possible ; mais s'il
y a appel sur la compétence, conformément à l'art. 454 Cod. de Proc.
Civ., le conflit devient dès-lors admissible. Il doit en être ainsi, puisqu'il
peut se faire que la partie condamnée obtienne gain de cause, même
au fond, si elle réussit dans son appel ; à vrai dire la contestation n'est
pas entièrement terminée.

Au préfet seul appartient le droit d'élever le conflit. Agent de l'administration active, il doit exercer les actions qui la concernent, et
veiller aux intérêts de l'Etat dans les limites du département qui lui
est confié : dépasser ces limites, ce serait excéder la somme de ses
pouvoirs. Ce n'est donc que devant les tribunaux de son département
que le préfet a qualité pour élever le conflit ; mais cette qualité, ce
droit, il les conserve en appel, même devant une Cour d'une cir-
conscription territoriale en-dehors de sa juridiction.

Sans nous appesantir sur les dispositions purement réglementaires
de l'ordonnance de 1828, nous dirons seulement que le procureur du
roi près le tribunal saisi d'une contestation est tenu, toutes les fois
qu'il estime que cette contestation est de la compétence de l'autorité
administrative, de requérir le renvoi devant cette autorité. En l'absence de toute réquisition, le tribunal doit d'office se déclarer incom-

pétent : le silence des parties , même leur consentement, ne saurait couvrir une incompétence d'ordre public. Si ce tribunal refuse le renvoi , le procureur du roi en instruit sur-le-champ le préfet. Mieux vaudrait même, pour simplifier autant que possible les formes à suivre, et surtout afin d'éviter l'opiniâtreté qui peut résulter pour les juges d'une première décision rendue, mieux vaudrait que le procureur du roi s'adressât directement au préfet, avant d'avoir fait ses réquisitions devant le tribunal. Sur l'avis qu'il a reçu , le préfet propose le déclinatoire dans un *mémoire* adressé au procureur du roi, et contenant la disposition législative qui attribue à l'administration la connaissance du litige. Si, sur le vu de ce mémoire le tribunal persiste à retenir le jugement de la cause , le préfet peut alors en faire la revendication par un acte qu'on nomme *arrêté de conflit*, lequel arrêté suspend toute procédure jusqu'à ce que le Conseil-d'Etat ait statué.

Un mot sur le conflit négatif. — L'ordonnance ne s'en est pas occupée. C'est qu'il a une bien moindre importance : il ne trouble pas la société ; il n'entrave point l'action gouvernementale ; aussi l'a-t-on plutôt considéré comme un réglement de juges, que comme un conflit. Quant à l'autorité compétente pour statuer , ce sera toujours le supérieur commun des deux pouvoirs qui se sont déclarés incompétents , c'est-à-dire le roi en son Conseil-d'Etat. Pourront néanmoins les parties , si elles le préfèrent , se pourvoir dans l'ordre hiérarchique contre l'une des décisions qui a prononcé le déclinatoire ; ainsi il leur sera loisible d'attaquer la décision du tribunal de première instance par la voie de l'appel , et de se pourvoir ensuite en Cassation. Mais le moyen le plus simple est le premier que nous avons indiqué. Les formes à suivre par les parties qui l'emploient ne sont pas les mêmes que celle du conflit positif. Ici , on suit le mode d'introduction des instances devant le Conseil-d'Etat : *requête* au Garde-des-sceaux avec constitution d'avocat , *ordonnance de. soit communiqué*, etc. Nous n'en dirons pas davantage de peur d'empiéter sur une matière en-dehors du cadre qui nous est tracé.

Vu par le président de la Thèse ,
LAURENS.

Toulouse. Imprimerie de Ve DIEULAFOY, rue des Chapeliers 13.